풀잎으로 만나요 꽃으로 만나요

풀잎으로 만나요 꽃으로 만나요

초판 1쇄 발행 | 2025년 11월 5일

지은이 | 차옥혜
발행인 | 장문정
발행처 | 문예바다
      등록번호 | 105-03-77241
      주소 | 서울 종로구 삼일대로 30길 21(종로오피스텔) 611호
      전화 02-744-2208
      메일 qmyes@naver.com

ⓒ 차옥혜 2025. Printed in Seoul, Korea
ISBN 979-11-6115-300-1   (03810)

*이 책의 저작권은 지은이와 출판사에 있습니다.
*양측의 서면 동의 없는 무단복제를 금합니다.

풀잎으로 만나요 꽃으로 만나요

차옥혜 시집

문예바다

| 차례 | 풀잎으로 만나요 꽃으로 만나요 |

시인의 말 _ 9

제1부 풀잎으로 만나요 꽃으로 만나요

철원 평화전망대에서 들은 말씀 _ 12

풀잎으로 만나요 꽃으로 만나요 _ 13

물로 바람으로 _ 14

봄바람으로 불어 _ 15

힌두의 홀 _ 16

게르니카 _ 17

통일은 풀잎으로 _ 19

육이오 _ 20

눈보라에 떨고 있는 매화 _ 21

짓밟히지 않는 세상은 어디에 _ 22

여기는 어딘가 _ 23

여순 10·19 _ 25

독일 마인츠 사육제에서 _ 26

국경선평화학교 _ 27

전쟁터 어린 자매 _ 28

제2부 인류세

습설의 횡포 _ 30
인류세 _ 31
지구가 너무 아파서 _ 33
길은 사람들 속에 _ 34
인류와 지구를 위하여 _ 35
위기의 순간에 핀 연꽃들 _ 36
아프리카 6억 명 생존 위험 _ 37
큰길 옆 숲과 산이 자꾸만 사라져 _ 38
지구 온도 상승 탓 _ 39
개인이 아무리 탄소배출 줄인들 _ 40
바다가 울부짖는다 _ 41
바다는 생명의 어머니 _ 42
바닷물로 인공태양 만들면 _ 43
AI 로봇 청소기 _ 44
해는 아직 떠오르지 않았다 _ 45

제3부 사람꽃

사람꽃 _ 48
겨울 산의 환호 _ 49
이백만 사람꽃 무리 _ 51

눈사람 사람꽃 _ 53

동백꽃 _ 54

시성 고은 _ 55

해 뜬 밤 _ 57

갈대 _ 59

김규화 선생님 _ 60

눈 오는 아침 식탁에서 _ 61

해의 집은 어디에 _ 62

양금덕 할머니 _ 63

이소사 _ 64

강제징용 원혼들 봄꽃으로 피었네 _ 66

10·29 참사 희생자와 피해자 봄꽃이게 하라 _ 68

세월호 유가족 10년 걸머진 십자가는 사랑 _ 70

제4부 숲은 태풍을 이겼다

숲은 태풍을 이겼다 _ 74

초록 가족이 돌아온 봄날 _ 75

호수를 이룬 산들은 _ 77

내 숲속 초록 방에 들면 _ 78

내 안에 사는 숲 _ 79

겨울의 뿌리 사랑 _ 80

불탄 산과 마을이 운다 _ 81

농촌 쓰레기는 무상으로 지역 관청에서 _ 83
소방관에게 안전한 장비와 휴식을 _ 84
불탄 집에 소 떼 돌아오다 _ 85
불탄 산에 새싹 솟았다 _ 86
민들레는 점령군 _ 87
동물 복지 _ 88
코끼리 떼 서로 이름 부르는 소리 _ 90
삼복더위 그 거리는 _ 91

제5부 당신은 누구십니까

당신은 누구십니까 _ 94
조각가 파도 앞에서 _ 95
장미 바보 _ 96
나는 왼쪽이 약하다 _ 97
굽은 등 _ 98
병은 나의 도반 _ 99
집도 이별은 싫어 _ 100
괜찮아 괜찮아 _ 101
그 비 내리는 가을밤 _ 102
눈 꽃잎 _ 103
『꽃봉오리』 3호 문집 _ 104
보호자 _ 105

저녁노을 앞에 서서 _ 107
나의 시가 쓰레기 되어도 _ 109
묵은 원고 뭉치 속 내 분신들 _ 110

작품 해설 • 풀잎과 꽃과 평화, 그리고 생명 의식
　　　　　　　　　　　　…허형만 _ 112

시인의 말

15번째 시집을 낸다.

시는 사랑이다.
내 넋에 솟은 풀잎과 꽃을 들고
아픈 세상을, 지구를, 행성을 만난다.
부질없을지라도.
안녕, 빛을 소망하며.

1
풀잎으로 만나요 꽃으로 만나요

철원 평화전망대에서 들은 말씀

난생처음 철원 평화전망대에서 본
사월 연초록 아기 잎새들 출렁이는
산들이 에워싼 드넓은 철원평야를
남과 북으로 가로지른 분계선이
분계선 따라 위아래 양쪽에서 달리는
비무장지대 철책선이
나를 울리다

한겨레 갈라져 죽기 살기로 싸운 전쟁터
무더기 전사자들 합동 수목장 묘지
깊고 깊은 고요 뚫고 쏜살같이 달려와
내 마음의 귀에 박힌 간절한 말씀

평화전망대에 선 그대여
한반도에 결코 다시 전쟁 없어야 한다
우리를 거름 삼아 평화를
심고 가꾸고 키워 만수무강하여라
다시 전쟁 나면 모두 전멸이다

풀잎으로 만나요 꽃으로 만나요

대지가 비명을 지릅니다
하늘이 통곡합니다
탱크가 지나간 자리
미사일이 날아와 터진 곳
불타고 부서진 건물 틈에
끼이고 묻히고 떨어진 사람시체들
21세기 문명 문화 지성 시대에
무슨 전쟁이라니요
안 돼요 안 돼요 절대 안 돼요
멈춰요 멈춰요 즉각 멈춰요
사람들 무더기로 죽어요
지구 부서져요
당장 무기 내려놓고
풀잎으로 만나요 꽃으로 만나요
분쟁의 대지 봄비로 적셔
새싹 틔워 꽃을 피워 생명 키워
대지 하늘 바다에 평화 합창 울려요
지구 모든 사람 모든 나라
언제나 어디서나 서로서로
풀잎으로 만나요 꽃으로 만나요

물로 바람으로

모든 무기 버리고
물로 물로 흘러 흘러
분단 벽 넘고 넘어
우리 소원 통일 이루어요
바람으로 바람으로 불어 불어
삼팔선 철조망 넘고 넘어
우리 소원 통일 이루어요
태양처럼 달처럼
남과 북 하나로
한반도 삼천리금수강산
꽃피워요
한겨레 배달민족
세계 평화 등대로 우뚝 서요

봄바람으로 불어

우리 모두 봄바람으로 불어 불어
한반도 엄동설한 설한풍 밀어내고
꽁꽁 언 땅 녹여 새싹 솟게 해요
우리 모두 꽃바람으로 불어 불어
삼천리금수강산 꽃피워요

대한민국 음악이 세계를 흔들고
대한민국 영화에 세계가 감동하는데
훈민정음 한글 말하고 쓰는
배달겨레가 70년 넘게 갈라져
총부리 맞대고 살다니요
우리 어서어서 서둘러
봄바람으로 불어 불어
한반도 꽃피워요
겨레의 소원
민족 통일 이루어요

힌두의 홀

2024년 5월 30일 미국 컬럼비아대 학생들
학내 반전 평화운동 산실 해밀턴 홀 점거하고
가자지구에서 학살된 여섯 살 소녀 이름 따
'힌두의 홀'이라는 펼침막 내걸다

2024년 1월 29일 총탄 빗발치는 가자지구
벗어나려는 삼촌 가족 차에 탄 힌두 라잡!
이스라엘군 총탄에 친척들 다 죽은 후에도
혼자 살아남아 손전화기 들고
"탱크가 오고 있어요. 살려주세요."
"이제 캄캄해지고 있어요. 캄캄한 게 무서워요."
애타게 구원 요청 통화 이어지던 세 시간
가자시티의 이슬람권 적십자사 적신월사 두 사람
앰뷸런스 몰고 필사적으로 힌두에게 접근한 순간
이스라엘군이 레이저로 조준한 총소리와 폭발음
힌두도 구조대원도 몰살

2024년 1월 26일 국제사법재판소는
이스라엘에 집단학살 방지와
가자지구 주민 인도적 상황 개선하라 했는데

게르니카

봄날 진달래 개나리 목련 꽃봉오리
폭풍우에 흩날려 흩날려

땅이 통곡하는 소리 지구에 진동
장벽에 둘러싸인 지상 감옥
미사일 맞아 불타며 산산이 무너진 도시
5개월째 장갑차가 점령
여성과 어린이 대부분인
3만 3천 명 민간인 학살, 사상자 11만 명
인공지능 표적 시스템으로 사람 공격
병원마저 박살 나 치료 못 받는 부상자들
220여만 명 난민 기아에 허덕이며 노숙
어린이들 영양실조로 죽거나 쓰러져

바다가 몸부림치며 운다
지상 보급로 막혀 인도주의 구호품
낙하산에 매달아 바닷가에 떨어뜨리려는데
배고픈 난민들 몰려 머리 다칠까 봐
해변 가까운 바다에 떨어뜨리자
물건 건지려다 바다에 빠져 죽는 사람들

물 없어 바닷물 먹고 설사 바닷물로 빨래

하늘이 번개 치며 울부짖는다
사자 무리 우리 안 토끼 무리 몰살 작전

게르니카는
왜 더 참혹한 현실로 되풀이되는지
세계여!

매화 산수유 수선화 비바람에 찢겨
강물에 떠내려가는 꽃잎 건지려
허우적거리며 애타는 사람들

통일은 풀잎으로

왜 그토록 서로 날카로우냐
왜 그토록 서로 무기 자랑이냐

전쟁은 절대 없어야 한다
무슨 일이 있어도
핵무기는 들썩거리지 말자
어느 쪽이든 핵무기 방아쇠를 당기면
순식간에 양쪽 전멸이다
설득하고 참고 인내하며 풀잎으로 만나야
모두 살고 함께 승리하는 통일이다
자국 이익을 위하여 약한 나라를
힘으로 누르고 뺏고 줄 세우지 마라
강자에게 모든 것을 내주며 비굴하지 말자
약자는 진실과 자존심을 지키며
앞뒤 살펴 적을 만들지 말고
자기 자리를 굳건히 지켜야 산다
정말로 한반도 통일 원한다면
서로서로 풀잎으로 만나자

육이오

북쪽 찬바람 내려오다가
남쪽 따뜻한 바람 올라가다가
서로 맞부딪쳐
한반도에 쏟아진 폭우에
애꿎은 사람들 무더기로
죄 없이 휩쓸려 죽은 혼들
70년 넘게 저승 못 가고
바람으로 떠돌며
벌판에서 풀잎
산숲에서 나뭇잎
대숲에서 댓잎
흔들며 흔들며 우네 우네
언제나 저 혼령들
울음 그치고 노래하고 춤추며
저승 가
편히 영면하려나
아무리 둘러보아도
서럽지 않은 길 없어라

눈보라에 떨고 있는 매화

때아닌 눈보라에 떨고 있는 매화에
우크라이나 전쟁터 겹친다

폭격에 부서지고 무너진 집과 도시
먹을 것 없어 수돗물 전기 끊겨
쓰러질 듯 쓰러질 듯 거리를 헤매는
온통 시커먼 때로 얼룩진 할머니의
공포에 질린 눈동자

병원 지하실
피란 간 산모들이 두고 간
강보에 싸여 있는 미숙아들
미숙아들 돌보는 의사

눈보라에 사정없이 흔들리는
저 매화! 매화! 매화!
다 지려나 몽땅 쓸려가려나
언제 다시 햇빛에 반짝이려나

짓밟히지 않는 세상은 어디에

짓밟히지 않으려
혼비백산 뛰는 토끼
잽싸게 토끼를 짓밟는 호랑이

미사일로 순간 한 도시 한 나라 박살
무너진 건물 더미에 묻혀버린 사람들
물, 전기, 빵, 집, 가족 사라져
폐허 더미에 울고 있는
피투성이 어린이들

짓밟히지 않으리 짓밟히지 않으리
아무리 몸부림치며 하얀 깃발 흔들어도
끈질기게 막무가내로 순간
깨뜨리고 부수며 짓밟고 짓이기는
눈물 없는 아수라장 전쟁터
인간 목소리 죽은
처절한 싸움투성이 세상

여기는 어딘가

눈을 감아도 보이는
폭탄 세례받아 순식간에 무너진 건물 더미에
깔려 죽은 어린이들 화염에 타 죽은 어린이들
공포에 질려 울고 있는 피투성이 어린이들
귀를 막아도 들려오는 어린이들 비명
10분마다 어린이 한 명씩 죽고 두 명이 다친
전쟁 40여 일에 5,000여 명 어린이 학살

산부인과 병원마저 폭탄 쏘아 자가발전 전기 끊겨
인큐베이터 안 미숙아 여러 명 죽고
인큐베이터에서 꺼내놓은 아가들도 위태로워
말도 엄마 얼굴도 못 익힌 죽은 아가들 영혼은
무얼 찾아 어느 허공을 헤매려나

영토를 빼앗은 점령자들이 쌓은 높은 담장 안
원주민들이 몰려 사는 좁은 땅에
미사일 퍼붓고 전기 수돗물 생필품 끊어버려
한 달여에 1만여 명 죽고 3천여 명 실종
집 잃은 피난민들 구정물, 바닷물 마시고
설사병에 시달려

마침내 지휘 본부 있다는
수천 명 환자와 피난민 머물던 병원까지
새벽 2시 특수부대 100여 명과 6대 탱크로 진입
아비규환

여기가 문명인들 산다는 설마
세상은 아니겠지 지구는 아니겠지

여순 10·19

일본제국주의로부터 해방된
겨레는
오직 겨레 힘만으로
겨레의
겨레에 의한
겨레를 위한
민족통일 정부 세우고 싶었다

다시는 강대국들에 휘둘리지 않는 나라
백의민족의 기개
세계만방에 빛내고 싶었다
백성을 두루두루 지극정성 보호하고 섬기는
민주 정부가 그립고 그리웠다
삼천리금수강산 모든 백성이
안녕하고 행복한 나라
세세토록 모든 백성이 꽃인 나라
간절히 간절히 보고 싶었다

독일 마인츠 사육제에서

유럽 사람은
아시아 아프리카 남아메리카의
음울한 눈동자를 알 리 없다.
피리 불어도 춤추지 않는
몇 세기 늦은 달력 속에 사는
멍든 세월 빼앗긴 축제를 알 리 없다

약소국에서 가져온 세월로 메꿔
빠른 달력이 이룬 문명의 힘으로
신나고 흥겨운 축제를 즐기고 있는
부강한 나라 국민은
성난 짐승처럼 울부짖으며 먹구름 헤치는
식민지 백성의 아픔 알 리 없다

사육제 소용돌이에 빠져 행복한 사람은
구경꾼 이방인의 눈물을 알 리 없다

국경선평화학교

세계에서 가장 전쟁 위험 도사린
한반도 정중앙 우리나라 최전방 철원에
하늘 높이 평화 깃발 휘날리네
분단된 한반도 갈라진 한겨레 하나 되어
오순도순 사랑하며 살날 꿈꾸는
평화 농부들 모여 일하네

평화 밭 갈아 평화 씨앗 뿌려
평화 싹 틔워 물 주고 가꾸고 키워
평화 열매 거두려
신명 바쳐 일하는 평화 농부들
나라 안팎 곳곳 평화 농부들도
찾아 와 기꺼이 일손 돕네

평화 없어 세상 무너져선 안 돼
평화 없어 사람 죽어선 안 돼
삼천리금수강산에 어서 빨리
평화 꽃밭 평화 숲 넘쳐라
어기여차 어기여차 어기여차
평화 농부들 노래하며 일하네

전쟁터 어린 자매

이스라엘이 산산이 부순 가자지구 길
대여섯 살쯤 된 여자 어린아이가
동생의 왼쪽 발 부여잡고
오른쪽 어깨에 걸머진 채
쓰러질 듯 힘겹게 걷고 있다.
언니 등에 거꾸로 업힌 동생은
몸이 천으로 싸여 보이지 않고
쏙 나온 아픈 다리는 천으로 감겨
언니의 오른쪽 허공에서 대롱거린다
지나가던 차가 멈추고 운전사가 내려
어디 가느냐 물으니
"동생이 발 아파서 병원 찾아가요.
이제 힘 빠져 더 이상 걸을 수 없어요."
기진맥진하여 숨차서 말한다
선한 운전사가 두 어린 자매를
차에 태워 병원으로 간다
차 뒷좌석에 앉아 세상 보는
어린 자매의 불안한 눈동자!

세계여! 세계여!

2
인류세

습설의 횡포

11월 첫눈이 117년 만의 폭설
물먹은 무거운 눈 전국 덮쳐
항공기, 배 발 묶이고 차량 연쇄 충돌
비닐하우스, 주택, 공장, 축사 무너져
사람 짐승 깔려 죽고 부상자 속출
버드나무 소나무 가로수 찢기고 쓰러져
전신주 뽑혀 어둠에 묻힌 동네
종일 습설 공습에 전국 아수라장

누가 사리사욕에 눈멀어 문화강국의
민주주의, 헌법, 법치, 공정, 상식에
습설 퍼부어 국민 가슴 짓누르나

눈이여 오려거든
나비처럼 꽃잎처럼 하늘하늘
춤추며 사랑 싣고 오는
건설로 오라

인류세

팔십일억 명 넘는 세계 사람들 내뿜는 탄소로
지구 내 몸 점점 더 뜨거워져 기후 위기에 직면

나 지구가 우주에서
가장 신선하고 아름다운 행성이던 때 그리워
풀과 나무는 먼지 한 점 없는 잎새 반짝이고
사람, 짐승, 곤충 맑은 공기 마시며
푸른 하늘 눈에 담았지
물고기 떼 깨끗한 물속에서 사랑 나누었지

사람들 무분별한 개발로 숲 점점 사라져
문명의 이기가 쏟아내는 열기에
빙하 녹아 전염병 돌아 폭염 가뭄 산불로
강물 말라 짐승과 물고기 죽어가
폭설로 집 묻혀 홍수로 밭 잠겨 흉년들어
사람이 쏟아내는 쓰레기로 땅 바다 썩어
미세플라스틱에 오염된 모유 먹은 아기
비만과 뇌 발달 이상에 시달려
전쟁, 분쟁, 테러, 재난 끊임없어
나 지구는 아수라장 맥없이 무너져 가

나 지구의 희망 꿈 미래
캄캄한 밤에 갇혔다

인류여 인류여

지구가 너무 아파서

지구가 병들고 너무 아파서 쏟은
집중 눈물 폭포로 순식간에
신림동 반지하 13살 어린 딸 끼인
장애인 가족 3명 수몰되었어요
강남구 거리 달리던 자동차들 수천 대
둥둥 떠다니다 서로 부딪쳐 부서졌어요
수압으로 거리 맨홀뚜껑 벗겨져
길 가던 중년 남매 하수구로 빨려들었어요
전국 곳곳 산사태로 집 매몰되고 길 사라져
실종된 사람 감감무소식
농경지 물바다 가축들 몰살했어요

어쩌나요! 어쩌나요!
사람들이
숲 마구 없애고 탄소 너무 내뿜어
빙하 녹아 지구 몸 뜨거워져
지구 병 점점 깊어져
더 큰 재앙 자주 올 거라는데요

길은 사람들 속에

길을 찾아 홀로
산속 헤매었으나
내가 지나간 자리 나무 무성하고
벌판 헤매었으나
내가 밟은 자리 풀이 덮고
바다 헤맸으나
내가 배 탄 자리 파도 휩쓸어
나는 결국 절벽 앞에 섰다

사람들 함께 간 곳마다
절로 길이 생겼다
사람들
손과 손 모인 곳
발과 발 모인 곳
맘과 맘 모인 곳
길이 환하게 뚫렸다

인류와 지구를 위하여

   페루에 있는 독일 에너지기업 탄소배출 탓으로 안데스산맥 빙하 녹아 빙하호 제방 무너지면 아랫마을 홍수에 쓸려나가고 빙하호 텅 비면 가뭄에 시달리는 주민이 독일 본사를 상대로 독일 법원에 소송 제기

   네덜란드 시민들은 화석연료 대기업 상대 헤이그법원에 제소하여
   "생명권 침해 우려되니 주의하라. 탄소 45% 줄이라."
   는 승소 판결받음

   한국 아이 61명과 태아 1명을 대신한 엄마가
   "미래세대 기본권 침해 마세요."
   라며 탄소중립기본법 시행령 헌법 소원 제기

   1988년부터 2015년까지 세계 100대 기업 배출 온실가스는 전 세계 산업 배출량의 70.6%, 세계 곳곳 기후변화 소송 속출

위기의 순간에 핀 연꽃들

서울에 115년 만에 느닷없이 쏟아진 집중폭우

강남역 부근 도로 물 차오르자 한 장년 남성이 폭우 맞으며 도로 배수구들 틈 꽉 막고 있는 쓰레기 맨손으로 걷어내 고인 물 빠짐

서초구 왕복 6차선 도로 호수 되어 달리던 차들 둥둥 떠다니는데 한 여성 운전자가 물에 잠긴 자동차 트렁크 위에서 살려달라고 외쳐대자 한 청년이 주변 주차금지 플라스틱 통 갖고 헤엄쳐가 그 통 붙잡게 하고 한 손으로 그 통 끌고 다른 한 손으로 헤엄쳐 나와 살림

동작구 빌라 2층에 사는 중국동포 장년 남성은 같은 건물 반지하에 사는 노인 부부 비명에 연장 가지고 가 골목 물 쏟아져 들어가는 창문 부수고 들어가 노인 부부 구출

아프리카 6억 명 생존 위험

2022년 9월 12일자
미국 국립해양대기청에서 발표한
전 지구 온실가스 측정치 평균
시계 초침은 417.67ppm
회복 불가한 기후변화 초래 초침
450ppm에 근접

기후변화 가뭄으로
아프리카 6억 명 인구
생존 위험에 놓여있어 빗물 의존 농업
빨리 개선 개발하지 않으면
광대한 대륙 살아갈 수 없는 곳 된다고
아프리카개발은행과 글로벌적응센터에서
기후변화 초래한 선진국들에게
약속한 지원금 보내달라고
긴급 구조신호 보냈지만
무응답

세계 1% 부자들 온실가스 배출량은
하위 50% 빈곤층 배출량의 2배

큰길 옆 숲과 산이 자꾸만 사라져

길을 가면 어느덧
지친 마음 어루만지고
답답한 가슴 시원하게 해주던
도시 주변 큰길 옆 숲, 산 자꾸 사라진다
산의 나무들 엔진 톱으로 베어내고
굴착기로 흙 줄기차게 긁어내어
경사면 평평하고 고르게 다진 자리에
산업단지, 물류창고, 냉동창고 들어선다

사라진 산에 살던 많은
진달래, 산도라지, 산수국, 엉겅퀴, 버섯
소나무, 미루나무, 밤나무, 도토리나무
고라니, 멧돼지, 토끼, 다람쥐, 고양이
꿩, 산까치, 소쩍새, 벌, 나비, 여치
다 어디로 갔을까

도시 주변 숲과 산이 자꾸 사라져
공기와 물 점점 탁해져
볼품없는 시야에 눈 침침해져
전염병만 창궐한다

지구 온도 상승 탓

2022년 갖가지 이변 속출

미국 어느 사막 천 년 만에 비 내려 호수 생겨

파키스탄 어느 도시
석 달 동안 줄곧 비 쏟아져
물에 잠겨 천백여 사람 죽고
산 사람들은 굶주리며 전염병에 시달려

유럽은 가뭄으로
두께 15m 알프스 빙하 녹아
9월 말이면 완전히 사라지리라 예상
2차대전 때 수몰된 독일 전차 드러나고
고인돌 무더기로 나타나

중국 양쯔강 수중 불상 솟아올라

우리나라 포항엔 강한 태풍이
해일과 집중폭우 몰아와
추석 앞두고 아비규환

개인이 아무리 탄소배출 줄인들

탄소 과다 배출로 지구 위험해지는데
미사일 날려 도시 불태우고 사람 죽이는
전쟁은 끝 모르게 지속되고
강대국들 힘 과시하기 위해
위험한 핵무기 보유하고
더 위력 강한 미사일 개발하여 시험발사
군사훈련하며 비행기, 군함, 장갑차
불 뿜어대는데

세계 대기업들 여전히
무더기로 탄소 쏟아내
여기저기 산불 잇달아 나는데

나와 너
아무리 몸부림치며 탄소배출 줄인들
무슨 소용 있으랴

기온 상승으로 인한 손해는
약소국들이 고스란히 다 뒤집어쓰고
가난한 사람들만 굶주리며 죽는다

바다가 울부짖는다

바다가 울부짖는다
사람들이 마구 던진 쓰레기로
병든 바다가 신음한다

비닐 더미를 삼키고 죽어 떠도는 고래
바다에 버려진 어망에 걸려 썩는 물고기들
바다에 떠다니는
스티로폼, 플라스틱 더미, 폐어구들
바다 밑에 쌓이는 플라스틱 조각들
바닷가에 쌓인 조개껍질 더미들
한밤중 남몰래 바다에 쏟아부은 오물 더미

바다가 죽으면
나도 죽고 너도 죽고
지구가 멸망하는데

사람아!

바다는 생명의 어머니

바다 있어 지구는 살아있는 별

바다는
지구에 최초 생명 낳아
세계의 문 열었다
물고기, 조개, 해초, 키우며
하늘에 수증기 올려보내 구름꽃 피워
비 내려 지상에도 생명 퍼뜨렸다
폭포, 계곡물, 냇물, 강물, 옹달샘, 우물
만들어 벌판에, 언덕에, 산에
풀과 나무 키워 꽃 피고 열매 맺어
온갖 생명 먹여 살렸다
세상 목숨이 사람 문명이 내뿜는
탄소 저장하고 지구 온도 조절하여
쾌적한 환경 만들어주어
온갖 생명 번성했다

바다 있어 지구는
우주에서 가장 아름다운 별

바닷물로 인공태양 만들면

넘치고 넘치는 바닷물로
과학자들이 인공태양 만들고 있다네

우리나라 과학자들이 핵융합발전소에서
세계 최초로 2021년 바닷물로 30초간
인공태양 만들었다네
세계 여러 나라가 참여하고 있는
프랑스에 준비 중인 국제핵융합로는
70% 우리나라 기술로 만들고 있다네

핵융합로에서 핵융합발전으로
인공태양 5분간 만들게 되면
계속 유지하여 얻는 청정에너지로
화석연료 때문에 죽어가는 지구 되살려
지구 사람들 우주선 타고 다른 별로
이민 가는 꿈꾸지 않아도 되리

어서 오라
인공태양 완성되는 그날이여

AI 로봇 청소기

AI 로봇 청소기가 가족이 되었다
남편과 내가 이야기하면
다 듣고 있다가 제 이름 튀어나오면
"나 여기 있어요."
말하며 끼어든다
이름 불러 청소 명령 내리면
집 안 골고루 돌아다니며 걸레질하고
걸레 빨아가며 말끔히 청소한다
신기하고 신통하며 놀랍다

인공지능 대부 노벨물리학상 수상자가
인공지능 급속한 발전이 30년 안에
인류를 멸망시킬 수 있다고 경고
인공지능이 세 살 먹은 어린아이 수준인
인류를 지배하리라 예측

내 명령에 복종하는 AI 로봇이
언젠가 거꾸로 나를 부린다?
AI 발전이 인류를 포획하는 올가미?
두려운 미래의 문명, 과학, 기계

해는 아직 떠오르지 않았다

새해가 오고 몇 달 지났어도
어둠만 쌓여 어둠 위에서
어둠들 춤추고
해는 아직 떠오르지 않았다

어둠인 채로 웅크리고 있는
내 책상, 책, 노트북, 창문
빌딩, 아파트, 집, 가로수
얼키설키 세상의 길들
사람들, 나

전등 켜도 캄캄하다
내 안의 전구 나갔나
세상 어둠 너무 진하여
내 불빛 삼켜버렸나

새해가 시작되고
몇 달이 지났는데도
어둠끼리 껴안고 웃는 소리
새벽은 오지 않았다

3
사람꽃

사람꽃

혈액투석 병원에 불이 나자
거동 불편해 탈출 못 한
투석 환자들 마지막 순간에
빛이 되어준 간호사

어서 나와요 빨리 나와요
애타는 가족 절규 가슴 쳐대도
불 속 환자들 저버릴 수 없어
함께 재가 된 간호사

눈 시려 눈 시려
마음으로 보는
사람꽃이여

겨울 산의 환호

장하다 우리나라 민주주의여

한밤중 어처구니없이
사리사욕에 눈먼 어둠이
총 들고 장갑차 헬기 몰고 와
당신 짓밟고 깔아뭉개려 했지만
당신 자식들 전광석화로 뛰쳐나와
맨몸으로 어둠 물리치다니!

혹독한 엄동설한에 시달려도
기필코 거듭거듭 봄 불러 와
활엽수들 새 잎새 반짝이며
뭇 생명 품고 키우며
수만 년 제자리 제 뿌리 지키는
우리 겨울 산의 정기 빼닮은
우리나라 민주주의여
마침내 또다시 봄 싣고 오는
아침 해 뜨고 있다
우리는 반드시 세세토록 승리하리

장하다 우리나라 민주주의여

이백만 사람꽃 무리

2024년 12월 14일 국회대로 꽉 메운
대통령 탄핵소추안 가결 촉구하는
영하 추위 아랑곳없이 응원봉 흔들며
노래하고 춤추며 구호 외치는
200만 사람꽃 무리

민주공화국 대한민국에서
12월 3일 한밤중 느닷없이 계엄 선포
국정 방해된다고 군경 동원하여
국회 해산하고 눈엣가시 국회의원들
체포하여 불법으로 구금하려던
선관위원 잡아 고문, 부정선거 허위 자백받아
독재자 왕 꿈꾼 어처구니없는 대통령
헌법 1조 수호하려 순식간에 몰려온
민주시민 수천 명 맨몸으로
장갑차와 중무장한 군인들 결사 저지
아슬아슬 국회 담 넘어 의사당 들어간
국회의원들 계엄 해제안 통과
그래도 군경을 독려 독촉하다
어쩔 수 없이 4시간 만에 계엄 해제

그러나 반성과 사과 없이 계엄은
고도의 통치행위였다는 대통령

마침내 국회에서 대통령 탄핵안 통과
눈물 흘리며 서로 껴안고 환호하는
대한민국 민주주의의
힘, 희망, 미래, 활력, 번영, 원천
사람꽃 무리, 민주 참국민
장엄하여라 아름다워라 위대하여라
늘 깨어있는 사람꽃 무리 있어
대한민국 민주공화국
영원토록 만수무강하리라

눈사람 사람꽃

밤새도록 눈 펄펄
눈 쌓인 거리에
눈사람 되어
민주주의 지키기 위해
수고하는 사람꽃들

조국의 심장 얼까 봐
엄동설한 아랑곳없이
온몸 온 영혼 바쳐
꽃 펴 나비 춤춰 새가 노래하는
화창한 봄날 애타게 부르는
눈사람 사람꽃들
거룩하여라
아름다워라

눈물 없이 볼 수 없는
눈사람 눈사람 눈사람
송이송이 사람꽃 사람꽃

동백꽃

꽃들 다 떠난 겨울 땅에
눈부시게 피어 웃고 계신 당신
추운 사람들 절망한 사람들
다독이며 힘주러 오셨습니까
당신 있어 아픈 가슴에도 해 뜨고
눈길 언 길에도 희망 솟습니다
당신은 겨울 생명 지키려 사투하다
끝내 온몸으로 투신하여 겨울 깨부숴
마침내 봄을 끌어오고 떠나십니다
겨우내 당신 가슴에서
꿀젖 먹던 동박새
힘차게 날아올라
봄 하늘 껴안습니다

겨울마다 오시는
동백꽃 당신은
겨레 위하여 목숨 바치신
선열님의 환생입니까

시성 고은

시성詩聖 고은의 시는
끝없이 새로움, 빛 찾아 길을 가는
강물, 파도, 바람, 비
모국만 아니라 세계의 아픔도 새기며
지구뿐 아니라 우주까지 품어
모든 생명과 만물에 평화 안기려는
희망 노래

구순에도
시로 들끓는 생생한 새싹 가슴

겨레 온갖 삶 숨 쉬는
숱한 여성의 슬픔 고통 환희 열망도
당당하게 담긴
대 연작 서사시 『만인보』
『만인보』 서시의 마지막 시구
"오 사람은 사람 속에서만
사람이다 세계이다."
세계만방에 메아리쳐

시성 고은의 시
세세토록 세상 사람 가슴 적시리

해 뜬 밤

텔레비전 뉴스에 밤이 더 캄캄해져
밤의 사람들 망나니 춤에 눈 귀 쓰려
세계 전쟁터 불타는 도시 쌓이는 죽음
낙엽으로 흩날리는 피란민들
어쩌나 어쩌나 가슴 터지는데
갑자기 텔레비전 화면에 뜬 자막
"한강 노벨문학상 수상"
순간 터져 나온 탄성
질펀한 어둠에 해 떴다
아무것도 한 사람도 다치지 않고
순한글만으로
일순간 세계에 지지 않는 해로 뜬
한강 문학! 한국 문학!
대한민국 얼씨구절씨구 들썩인다
세종대왕 기뻐하신다
문화대국 염원하시던 김구 선생님
박장대소하신다
세상의 고통에 젖어 눈물로 쓴 글
사랑 많고 겸손한 한강!
얼마나 고단한 밤을 견뎠으랴

밤에 뜬 해를 우러르며 감사하며
단지 해의 책을 읽은 적 있을 뿐인
생면부지 나도
덩달아 활짝 핀 꽃이 된다

갈대

그래 가을이구나
겨울 봄 여름 내내
억울해 아파 화나 서러운 사람들
눈물 닦아주러 떠돌다 지친
가을바람 안고
온몸 흔들어 힘 북돋우는 갈대야

그래 가을이구나
네 넋이 서린 갈꽃
가을바람 가슴에
훈장으로 달아주는 갈대야

그래 가을이구나
세상 멍에 대신 지고
정처 없이 헤매는
가을바람 애처로워
소리 없이 우는 갈대야

김규화 선생님

『시문학』 순교자!
"현대 시의 길 닦기·길 잡기·길 트기" 위하여
49년 동안 사부님과 『시문학』 편집 발행
사부님 사후 3년, 암 투병하면서도
홀로 혼신의 힘 쏟다가
2023년 2월호 619권째 『시문학』 낳고
홀연 쓰러진 김규화 선생님
『시문학』 매월 발간하는 일은
십자가 지고 골고다 향하는
예수님의 고통 같을 거라고
간혹 쓸쓸히 탄식하던 김규화 선생님
마지막 『시문학』에 발표한 선생님의 시
「동학농민운동의 들녘에 피는 꽃」의
"몸을 내놓고 찾는 것은/ 몸보다 더한 몸/
몸밖에 없는 몸"이라는 부제가
"벌판에 활짝" 핀 김규화 선생님의
몸꽃! 영혼의 꽃! 시꽃이
마냥 나를 붙들고 울린다

눈 오는 아침 식탁에서

수북수북 싱싱한 각종 야채
채소 길러 따 보낸 손
둥글둥글 막 쪄낸 달걀
닭 길러 받아 담아 보낸 손
목을 부드럽게 축여주는 우유
소 키워 젖 짜 보낸 손
갓 삶아낸 감자
밭 갈아 심고 키워 캐 보낸 손
먹거리 배달해 준 택배원 손
거룩한 손 손 손 감사하여라

나를 살리는 고마운 모든 손
눈 펄펄 날리는 이 아침
안녕하신지
수고한 만큼 물건값 받으셨는지
풍성한 식탁 앞에서
궁금하여라

해의 집은 어디에

산골에 사는 언니는
산이라 하고
바닷가에 사는 오빠는
바다라 한다
만경평야에 사는 이모는
지평선이라 한다

탄광 막장에서 일하는 동생은
잠긴 방 안에 두고 온
엄마 없는 어린 두 딸이
시도 때도 없이 아빠를 부르는
자신의 가슴속이라 한다

인력시장 떠돌다
반신불수 된 조카는
가도 가도 세상은 어둠뿐
해의 집은 어디에도 없다고 한다

양금덕 할머니

일제 강점기 초등학교 6학년 때
일본 가면 돈도 벌고 공부시켜준다는
교장의 말에 속아
근로정신대로 일본으로 끌려가
미쓰비시 중공업 나고야 항공기 제작소에서
굶주리며 혹사당하고 월급도 못 받아
해방되자 빈손으로 돌아온
양금덕 할머니
동료 5명과 함께 한국대법원에
65년 전 체불임금 반환 소송 제기하여
승소 판결 받았지만 못 받아
소송 동료 중 3명은 죽고 이제 2명 생존
인간의 자유와 존엄을 수호하기 위한 투쟁
피맺히는데
우리 정부는 일본에 책임 묻지 않고
한국 정부 산하 재단을 통해
제3자 방식으로 보상하겠다 하니
죽어도 그런 돈은 안 받겠다며
우리 대통령은 어느 나라 대통령이냐?
묻는 95세 양금덕 할머니

이소사

1894년 12월 15일 장흥 석대들 전투에서
말 타고 동학농민혁명군 지휘한 여장부
사람이 하늘! 사람 안에 하늘!
동학 교리 환호한 23살 결혼한 여성
봉건 조선시대 뛰어넘은 선구자 선각자

군주 양반 앞에서 대대로 허리 못 펴고
땅에 엎디어 고개 숙이고 산 농민들
남자들 앞에서 기 못 부리고 산 여성들
인격, 권리, 존엄, 자유 되찾아
사람꽃으로 하늘 보고 안고 살게 하려고
동학교 장흥부 불타 함락되는 순간까지
온 힘 다하여 싸우다 체포되어
관에서 일본 병사에게 매 맞으며 문초당해
살과 피부 진창 되어 곧 숨 넘기려는데
일본 후미보병 제19대 대장 명령으로
나주 본부로 압송되어 죽은
이소사! 사람꽃! 하늘꽃!
130년 지나 내 눈물샘에
연꽃으로 활짝 피었네

* 1895년 3월 5일 일본 〈고쿠민 신문〉 기사

'동학도에 여장부가 있다. 동학당의 무리 중 한 명의 미인이 있는데 나이는 꽃다운 23살로 용모는 빼어나기가 경성지색의 미인이라 하고 이름은 이소사라 한다. 오랫동안 동학도로 활동하였으며 말을 타고 장흥부가 불타고 함락될 때 그녀는 말 위에서 지휘했다 한다.'

** 1895년 4월 7일 일본 오사카 〈아사히 신문〉 기사

'장흥 부근의 동학도 무리에는 한 명의 여자가 있는데 추천으로 수령이 됐다. 우리 병사가 잡아서 심문했는데 완전히 미치광이가 됐다. 동학도가 귀신을 이야기하고 신을 말하는 것을 이용해 천사 혹은 천녀라 칭해 어리석은 백성을 선동했다.'

강제징용 원혼들 봄꽃으로 피었네

봄바람 불어 방방곡곡 가는 길마다
만발한 꽃들이 소리 없이 울고 있네
일본제국에 억지로 끌려가
탄광, 토건 공사, 군수공장, 전쟁터에서
혹사당하고 학살당한 조선인 원혼들
80여 년이 흘렀건만 사과나 정당한 보상 없이
적반하장 모르쇠로 은폐하기에만 급급한
반성 없는 일본이 어처구니없고 노여워서
사무치는 조국 봄 길 꽃으로 와 울고 있네

제2차세계대전 미국과 일본 사이
남태평양 타라와섬 전투에서 3일 만에
조선 노동자 1,200명 총알받이로 죽는 순간
얼마나 애타게 아내, 자식, 부모를 불렀으랴
오키나와 전투에서 조선 청년 일만 명
일본의 강압으로 폭탄 짊어지고
미군 전차에 뛰어들어 폭사하는 순간
얼마나 간절히 조선 독립 만세 외쳤으랴

'여자 정신대 근무령'으로 강제 징집한

12세에서 40세 조선 여성 수십만
일본 군수공장에서 잔혹하게 혹사당하며
군부대 위안부로 짓밟히며
얼마나 피맺혀 엄마를 불렀으랴

각종 공사 후 증거 없애려
강제징용 조선인 집단 수몰까지 자행한 일본
……………

억울하고 분통 터져 잠들 수 없는 원혼들
그리운 조국 땅 봄 길 봄꽃으로 와
소리 없이 울다가 울다가 울다가
눈물 어린 꽃잎 봄바람에
흩날리네 흩날리네 흩날리네

10·29 참사 희생자와 피해자 봄꽃이게 하라

산수유 매화 활짝 피고 개나리 눈뜨며
봄 풀 솟고 연둣빛 수양버들잎 흔들리는
봄 길에서 웃으며 반기며 손잡고 품으며
사랑 나누고 있어야 할 그들은
지금 어디에 있는가

무너진 가족들이
억울하게 잃어버린 자식을 형제자매를
애타게 부르며 사무쳐 통곡하고 있는
여기는 어딘가

지난가을 10월 29일 모처럼 축제 즐기러
이태원 골목길 오르내린 사람들
갑자기 양쪽에서 밀려드는 사람 홍수에
오도 가도 못 하고 숨 막혀
경찰서로 119로 줄기차게
조난신호 보내 긴급 구출 요청했건만
그 많은 교통경찰과 관료들 다 어디 가고
속수무책 압사한 원혼들
이 봄 길 바람으로 떠돌며 울고 있다

경찰이 미리 교통정리만 했다면
충분히 막았을 참사에
사과하는 사람도 책임지는 사람도 없는
원인 규명 없이 은폐만 하려는 정부
여기가 대한민국이 맞는가!

쓰라린 가을 언 겨울 피멍 진 가슴으로 건넌
희생자들과 유족들 어서 원한 풀어주어
이 봄날 활짝 웃는 봄꽃이게 하여라

세월호 유가족 10년 걸머진 십자가는 사랑

세월호 참사로 자식 잃은 유가족
왜 배가 침몰했는지
책임자는 누구인지 밝혀
모든 이웃의 생명과 안전
철통같이 지키는 정부 만들려고
십자가 지고 동분서주한 와중에
이태원 참사 발생하자
"우리가 더 잘 투쟁했다면
이태원 참사 막았을 텐데."
애끓어 탄식

세월호 유가족 10년 십자가는
여객선 타고 수학여행 가다
느닷없이 바다에 빠진
꽃봉오리 자식에 대한 애통을 넘어
모든 사람의 생명과 안전 수호를 위한
뜨겁고 간절한 사랑

세월호 유가족 사랑의 십자가 내려놓고
모든 시민과 함께 만세 부를 날

어서 오라 어서 오라

4
숲은 태풍을 이겼다

숲은 태풍을 이겼다

강력한 태풍 몰려와
가로수들
몸통 부러지고
뿌리 뽑혀 쓰러졌지만
숲의 나무들은
우듬지 가지들
맞부딪히며 흔들려
바람의 충격
분산시켜 나눈 탓에
뿌리 진동 줄여주어
뿌리 지켜 살아남았다
혼자 우뚝 선 나무보다
여럿이 모여 숲 이룬 나무들
태풍과 싸워 이겼다

초록 가족이 돌아온 봄날

겨울이 끝나기도 전
상사화 언 땅을 뚫고 오더니
봄 문 열리자마자
할미꽃, 모란, 원추리, 산마늘
어느덧 초록 눈뜨고 웃는다
수국, 접시꽃, 모과 새순 돋고
수선화, 개나리, 목련, 벚꽃 피며
민들레, 쑥, 냉이, 씀바귀
떼로 몰려와 반짝인다
떠난 초록 가족 다시 돌아와
뜰을 가득 메운 봄날

안녕! 안녕! 안녕!
반가워 고마워

돌아온 새싹, 꽃과
눈 맞추며 인사하느라
하루해가 짧고 짧은 봄날
설레고 신나는 봄날

이만한 복이 어디 있으랴

호수를 이룬 산들은

호수에 둘러서서 발을 잠그고 있는 산들은
여름 한낮 태양에 반짝이는 푸른 잎새로
가득 찬 서로서로 모습을
아름답다 감탄하며 바라보다가
호수 속에 잠긴 자신들과 하늘 위로
헤엄치는 물고기 개구리 물방개
바람에 흔들리는 수초들에 빠져든다
억년 한결같이 함께 호수 품고
서로 바라보기만 하며 살아도
산들은 서로에게 든든한 친구다
아무리 적막이 무거워도
천둥이 울고 번개가 쳐도
폭우 쏟아져도 눈보라 퍼부어도
함께여서 두렵지 않다 당당하다

오직 무서운 건 멋진 먼 산을
순식간에 작살내던
언제 혹시나 닥칠지 모르는
불도저!

내 숲속 초록 방에 들면

원뿔형 주목 나무 벽으로 둘러싸인
지붕 없는 내 한 평 초록 방에 들어가
소나무 밑 유리 탁자 앞 의자에 앉아
반짝이는 수만 잎새 보고 있으면
나는 어느덧 나무가 되어 잎새 팔랑거린다

초록 방 겹겹 에워싼 금송, 호두, 감, 은행
단풍, 목백일홍, 자목련, 모란, 옥향 나무들이
나에게 소리 없는 노래 들려주고
부추, 맥문동, 참취, 수국, 장미, 나리, 접시꽃이
나에게 사랑 편지 보낸다

작은 숲속 초록 방 지은 지 어언 30여 년
초록 벽은 날로 더 두껍고 높아 향기 짙어져
나는 점점 더 깊이 초록 물든 나무가 되어
내 숲속 초록 방 나무들과 함께
초록 눈 뜨고 초록 마음으로
세상 사람 모두 안녕하고 평화로운
초록 세계 꿈꾼다

내 안에 사는 숲

33년 지극정성 가꾼 작은 숲
해마다 묘목들 쑥쑥 자라
옆 나무끼리 몸 붙어 답답해하면
온 힘 다하여 팍팍 삽질하여
더 넓은 땅으로 옮겨주고
보살피며 단장해 준 숲
한여름 일사병으로 쓰러져도
억척스럽게 나를 일으켜 세운 숲
어느덧 내 몸 낡아 힘 빠져
손가락 휘어 무릎 연골 찢어져
어쩔 수 없어 눈물로 이별한 숲
그러나 날마다 나를 찾는 숲
아예 내 마음에 이사 온 숲
여전히 철 따라 꽃 피고 열매 맺는
나를 엄마 엄마 부르며
온갖 이야기 속삭이는 숲
저승까지 안고 갈 숲
내 안에 숲 살아 행복한 나

겨울의 뿌리 사랑

봄 여름 가을 내내
한사코 쉬지 않고 일하던
풀뿌리 나무뿌리
단잠에 빠진 대지에
하늘이 눈꽃 이불 덮어주었다
새들은 빈 나뭇가지, 마른풀에서
자장가 불러준다
봄 여름 가을 내내
줄기, 잎, 꽃, 열매
어여쁘고 튼튼하게 키워
아름다운 세상 이루려고
힘겨워도 아파도 끈질기게
어둠 뚫고 바위도 후벼파며
줄기차게 뻗고 뻗어 힘껏
물 빨아 올려보낸 뿌리들
수고 많았다고 푹푹 쉬라고
호미, 삽, 괭이 얼씬 못하게
겨울이 꽁꽁 얼었다

불탄 산과 마을이 운다

태고 때부터 아름다움 지켜온
우리나라 영남 지역 첩첩 산줄기가
평화로운 산마을들이
성묘객이 태운 마른풀 불꽃이
산마을 농부가 태운 쓰레기 불꽃이
강풍에 사방팔방으로 열흘이나 흩날려
새카맣게 타서 울고 있다
거동 못 해 피난 못 한 노인
집과 함께 타 죽고
피난 가던 자동차 불길에 갇혀 폭발
집, 농기구, 가축, 씨앗, 농산물 다 타버린
이재민들 체육관 천막서 추위와 공포에 떨고
산불 지켜보던 국민은 노심초사
발 동동 마음 두근두근

산림청 직원들 소방대원들 주민들 합세하여
악전고투로 산불 잡았으나 사상자 다수 발생

국가는 산마을 이재민들 적극 보호하고
산림청은 산림정책 새로 세워

불쏘시개 역할 하는 소나무와 낙엽수 줄여
하루속히 불에 강한 나무 많이 심어
산줄기와 산 마을 사람들 눈물 거두고
다시금 초록빛 웃음 짓게 해야 하리

농촌 쓰레기는 무상으로 지역 관청에서

깻대, 옥수수 대, 고구마 줄기, 호박 줄기
콩깍지, 콩 줄기, 감잎, 대추잎, 은행잎 등
농부들이 태우다 집불 산불 들불 나는데
농촌 산촌 쓰레기만은 무상으로 서둘러
정부나 지역 행정관청에서 거둬
안전한 지역 소각장 만들어 처리해야 하리

미국은
국민 모두 어디서나
쓰레기 태우는 것 절대 금지
지방관청에서 주민 쓰레기 수시로 거두어
나무나 숲에서 300미터 떨어진 소각장서
소각 전문가가 일괄 처리
건조주의보 내리면 전국 모든 소각장
소각 즉시 중지

앞으로 기후 위기 더 심각해져
산불 더 빈번해질 거라는데
정부나 지역 행정 기관은
모든 대책 서둘러 대비해야 하리

농촌 쓰레기는 무상으로 지역 관청에서

깻대, 옥수수 대, 고구마 줄기, 호박 줄기
콩깍지, 콩 줄기, 감잎, 대추잎, 은행잎 등
농부들이 태우다 집불 산불 들불 나는데
농촌 산촌 쓰레기만은 무상으로 서둘러
정부나 지역 행정관청에서 거둬
안전한 지역 소각장 만들어 처리해야 하리

미국은 국민 모두 어디서나 소각 금지
지방관청에서 주민 쓰레기 수시로 거두어
나무나 숲에서 300미터 떨어진 소각장서
소각 전문가가 일괄처리
건조주의보 내리면
전국 모든 소각장 소각 즉시 중지

앞으로 기후 위기 더 심각해져
산불 들불 더 빈번해질 거라는데
정부나 지역 행정관청은
모든 대책 서둘러 대비해야 하리

소방관에게 안전한 장비와 휴식을

영남 지역 험준한 첩첩산중 산불에
최전선에서 일하던 소방관 순직
40년 된 낡은 진화 헬기 2대 추락
70대 기장 두 명 순직

정부와 산림청은 최우선으로 긴급히
전 소방관 옷, 신발, 장갑, 헬멧, 안경
진화 장비, 소방차, 소방헬기 등
최신형 최고 품질로 교체해야 하리
박봉의 소방관에게 공급된 화염 방지 옷
품질 나빠서 사비로 화마에 잘 견디는 옷
사 입고 불바다에 들어갔다니
연일 험준한 산의 화마와 연기에 지친
소방관들 무리하게 재투입 말고
소방관 수 대폭 늘려
소방관들의 휴식과 안전 보장해야 하리
소방관들 맘 놓고 일할 수 있도록
국민 세금 소방관 처우개선에 먼저 써야지
인명보다 소중한 것 어디 있나요?

불탄 집에 소 떼 돌아오다

집 뒷산에 불이 났으니 빨리 마을회관으로 피하라는 이장의 전화 자다가 받고 허둥지둥 집 나서던 노부부가 외양간 문 열어주며 소들에게
"어서 나가 여기 있으면 죽어."
외치니 소들이 우르르 어둠 속으로 사라지다

아침에 집에 돌아온 노부부는 주택, 살림살이, 농기구, 외양간 몽땅 숯덩이가 된 집터에 어미 소 열네 마리와 송아지 여섯 마리, 불에 그을린 소도 있지만, 한 마리도 빠짐없이 스무 마리 소가 고스란히 돌아와 있는 모습 보며 눈물 펑펑 쏟다

공포에 집 나간 소들은 처음 보는 불난 세상 어떻게 피해 모두 살아왔을까? 뛰며 각자도생하지 않고 어떻게 함께 불길을 헤치며 노부부와 외양간 그리며 돌아왔을까?

자기들만의 말과 몸짓으로, 그들만의 믿음 신뢰 지혜 사랑으로, 서로서로 격려하고 부축하며 응원하며 불타는 산길을 헤쳐 돌아온 소들! 우러르고 우러른다

불탄 산에 새싹 솟았다

보아라
화마가 휩쓸고 간
검은 산에 새싹 움텄다

희망이 눈떴다
눈물을 삼키자 아픔을 버리자
다시 시작이다

숲이 돌아오리니
뜨거운 불 견딘 씨앗이
온 힘 다하여 뿜어낸 싹
가꾸고 지키며 숲을 기다리자

보아라
불꽃 춤추던
숯검정 뒤집어쓴 숯내 나는 산에
새싹 돋았다

민들레는 점령군

아직 삼월인데
민들레는 벌써 봄을 점령했다
땅에 납작 누워 다른 풀들 접근 막는
초록 잎들은 서둘러 꽃봉오리를 맺고
이내 꽃을 깃발처럼 흔든다
꽃 지자마자 흰 깃털 단 씨앗을
바람에 훨훨 날린다
여름 가을 줄곧 새싹 내고 꽃펴
시도 때도 없이 영토를 넓힌다
굵은 뿌리는 한꺼번에 민들레
여러 송이 수북이 뿜는다
욕심쟁이 점령군 민들레가 덮친 들판엔
싹트지 못하고 썩는 각종 꽃씨
숨 못 쉬고 하늘 못 보아 시드는 수만 풀

포성 없어도 식물 세계도 전쟁이 한창

동물 복지

핀란드 헬싱키 돼지농장 분만 방
분뇨 배설 자리 구분된
깨끗하고 푹신한 지푸라기 위에
어미 돼지들 새끼 돼지들 옹기종기 모여
말끔한 몸으로 누워 단잠 잔다
새끼 돼지들 9주 동안 쾌적한 우리에서
어미와 형제들과 함께 사랑 나누며
건강한 체력 키운다

우리나라 공장식 어느 돈사
몸도 제대로 움직일 수 없는
어두컴컴한 비좁은 철제 우리 안
온몸이 분뇨와 파리 떼로 뒤범벅된
임신한 돼지들
새끼들은 태어나자마자 마취도 없이
좁은 공간 스트레스로
다른 돼지들 꼬리 물어뜯을까 봐
송곳니와 꼬리 잘리며
수컷은 거세되면서 근육 떨며
암컷은 표식을 위해 귀가 잘리며

울부짖는다

코끼리 떼 서로 이름 부르는 소리

코끼리 떼 강에서 물 먹는 동안
사자 오나 망보던 대장 코끼리가
숲으로 돌아갈 시간이라고 소리치자
어미 코끼리가 아직 물장구치는
어린 새끼 이름 부르는 소리
새끼 코끼리가 알았다고
엄마 이름 부르는 소리
어린 새끼들 무리 가운데 두고
코끼리 떼 이동하며
모두 잘 오고 있는지 확인하려
행렬 앞뒤 어른 코끼리끼리
서로 이름 부르는 소리
정겹고 눈물 나는 소리소리

나 어릴 때
천방지축 대문 밖 나가 돌면
엄마가 나를 찾아다니며 애타게
내 이름 부르던 소리
한 번만이라도 다시 듣고 싶어라

삼복더위 그 거리는

떡집 아저씨 찰떡 치고
옥수수 집 아주머니 솥뚜껑 열어
김 속에서 삶은 옥수수 살핀다
세탁소 총각 다리미질하고
열무 장수 할머니 열무 마를까 봐
몸으로 햇빛 가린다
참기름 집 아저씨 깨를 볶고
튀김집 노처녀 끓는 기름에서
튀김 건져낸다
해장국집 누렁개 가마솥 옆에서
혀 빼고 헐떡인다

점심때인데 손님은 없고
좁은 거리엔
햇볕만 덧쌓여 지글거린다

ND

5
당신은 누구십니까

당신은 누구십니까

내 코앞 냇물 속에서 한사코
나를 보고 있는 당신이 그리워
가지를 아래로만 뻗으며 산
나는 늙은 수양버들입니다

마침내 냇물에 제일 먼저 닿은
내 늘어진 밑가지가
당신 잡아끌어 껴안으려 합니다
당신도 그러려 합니다
드디어 기쁨 가득 차
당신 잡는 순간
당신은 잡히지 않고
냇물만 내 가지 끝
이파리만 적시며 흘러갑니다
당신은 여전히 물속에서
나만 빤히 보고 있습니다

도대체 당신은 누구십니까

조각가 파도 앞에서

파도가 밀려와 철썩철썩
해변의 바위를 새긴다
너무 힘들어 제풀에 나자빠지다가
다시 온몸으로 밀고 와
바위 새기기를 끝없이 되풀이한다

파도가 새기는 저 바위는
억 년 전 어떤 모습이었을까
영겁 후 어떤 모습일까

모래사장에 찍힌 내 발자국은
벌써 바람이 지우고 있다

지금 바닷가 나는 무엇인가

장미 바보

장미가 되고 싶어라
시들어도 마른 꽃 잘라만 주면
잘린 가지 끝 새순 돋아
봄부터 늦가을까지
줄줄이 꽃이 피는
장미가 되고 싶어라

지나가는 사람마다 걸음 멈추고
한없이 사랑의 눈길 보내는
장미가 되고 싶어라

오늘도 장미를 북돋우다
가시 찔렸어도
장미를 떠나지 못하는
나는
장미 바보

나는 왼쪽이 약하다

늑막염, 안면마비, 대상포진
모두 내 몸 왼쪽으로 왔다
감기도 언제나
왼쪽 코에서 시작한다

내 오른쪽 손은
그런 내 왼쪽 몸이 가엾어
틈만 나면 애면글면
다독이며 어루만진다

오른쪽 몸이 한사코
왼쪽 몸 사랑하며 응원함은
왼쪽 몸이 행복해야
자신도 행복함을
왼쪽이 죽으면
자신도 죽음을
왼쪽도 오른쪽도 결코 나뉠 수 없는
한세상 한 세계 한 우주 한 몸임을
잘 알고 있음이다

굽은 등

허리 펴라 허리 펴라
소리치며 내 굽은 등 두드리는 손

책상 없어 방바닥에 엎드려
책 읽고 숙제한 어린 시절 탓인가!
머리 허리 깊이 숙여 평생 기도하신
부모님 따른 탓인가!
씨 뿌리고 나무 심고 밭매며
삼십여 년 땅 보고 산 탓인가!

이제 고개 들고 의자에 앉아
책상에서 글 읽고 쓰며
하늘 쳐다보며 웃고 울며
온갖 일 하소연하고 투정 부리다가
노래하며 춤도 추지만
굽은 등 펴지지 않아라

병은 나의 도반

중학교 2학년 때 한밤중 맹장 수술
마취에서 깨자 들리던 새벽 종소리
살았다 안심하며 눈 뜨니
밤새 손잡고 머리 쓰다듬으며
나를 굽어보는 어머니
의자에서 졸고 있는 내 단짝 친구
눈물이 자꾸만 솟았다
그 후 병은 이름을 바꿔가며
줄기차게 나를 따라다녔다
되돌아보면 병 때문에 나는
하늘, 땅, 바다 더 오래 쳐다보고
보이지 않는 세상 찾아 헤매어
문학소녀였고 시인이 되지 않았을까
삶이 절박하고 너무 간절하여
만물을 끌어안고 울고 울어
모란, 장미, 수국은 아니어도 풀꽃 같은
시 몇 편이라도 짓지 않았을까
실로 병은 나를
평생 담금질한 도반이다

집도 이별은 싫어

　오래전 산 좋고 물 맑아 햇살 부신 터에 집 짓고 손발 닳도록 신명이 나 온갖 나무 화초 심고 채소 곡물 기르며 흙 사랑에 빠졌던 사람이 이제 힘이 빠져 떠나려 하자 집의 천장, 벽, 방바닥, 유리창, 전등, 수도꼭지, 변기, 하수도… 모두 가지 말라고 애걸복걸한다 뜰의 반짝이는 감나무, 향나무, 금송, 능소화, 옥향, 모과나무, 소나무, 호두나무, 목백일홍, 철쭉, 수국, 모란, 상사화, 참나리, 백합, 나무쑥갓, 접시꽃, 범부채, 노루오줌, 채송화, 불도화 우단동자 … 눈물 뚝뚝 흘린다 사람이 영원하다면 어찌 떠나랴 이제 젊은 새 주인이 와서 새 옷으로 갈아입어야 한다고 타이르자 집은 낡아도 좋다 끝까지 같이 살자며 떠나는 사람을 꼭 부여잡는다

괜찮아 괜찮아

친구에게 전화 걸려는데
갑자기 이름 떠오르지 않는
원추리 새싹 나물 무치며
민들레 나물이라 말하며
손전화 걸핏하면 찾아 헤매고
남편 생일조차 잊고 지내며
국 끓이다 탄내 나서야 달려가는
나

괜찮아, 괜찮아, 괜찮아

언제나 조그만 실수에도
나를 닦달하고 자책하던 나
이제야 내가 내 편이 되어
나를 다독이며 위로하는
나

그 비 내리는 가을밤

낙엽이 비에 젖어
추워 추워 기침한다
나도 비에 젖어
추워 추워 기침한다

60년 넘게 매일
식사 준비하며 칼질했건만
아직도 고수 못 되어
아차 하는 순간
왼손 집게손가락 베어
병원 응급실 다녀오는 가을밤
가을비에 내 마음 푹푹 젖어
추워 추워 기침한다
비에 갇힌 세상도
추워 추워 기침한다

눈 꽃잎

하늘나라 광활한 눈 꽃밭에
무더기로 피었던
눈꽃이 지네 지네

눈 꽃잎 눈 꽃잎
떼를 지어 지상 무덤으로
초연히 우아하고 아름답게
하늘하늘 춤추며 가네

지고 있는 나도
나를 바라보는
님의 눈동자에
사랑과 그리움 아롱지는
눈 꽃잎이었으면
눈 꽃잎이었으면

『꽃봉오리』 3호 문집

팔순 맞아 오래된 원고 뭉치들 버리려니
색바랜 파란 리본에 묶여있는
중학교 3학년 때 엮은 『꽃봉오리』 3호 문집!
두툼한 누렇게 바랜 400자 원고지 264장
뒷장은 떨어져 나가 끝은 알 수 없는
잉크 묻혀 펜으로 또박또박 쓴 글씨는
아직도 선명한데 손가락이 닿자마자
바스락바스락 바스러지는 원고지
까맣게 잊었던 내 여린 가지에 맺힌
꽃봉오리들
수없이 이사하면서도 끌고 다닌
그러나 언제까지 데리고 갈 수 없는
내 어린 시절 분신들
재활용 휴지도 될 수 없는
쓰레기통에 던져버려야 할
『꽃봉오리』 3호 문집
들었다 놓았다 망설이다
한 번쯤 읽어주며 품어주어야 도리라고
가만히 가슴에 껴안는 나의 주름진 팔

보호자

내 보호자 남편은
위내시경하고 나오는
내 손 덥석 잡아준다
한쪽 눈 백내장 수술하고
외눈만 뜨고 나오는 나
재빨리 부축하고 수고했다 속삭이며
내 등 쓰다듬는다

남편 보호자 나는
남편이 폐암 수술실로 들어가자
수술실 밖 대기실에서 마음 졸이다
보호자 호출 방송 들리자마자 달려가
의사한테서 수술 결과 설명 듣고
침대에 누운 채 수술실에서 나온
남편과 눈 맞추며 손잡아주고
입원실로 따라가며
감사합니다 감사합니다 감사합니다
되풀이 중얼거린다

보호자 없으면 수술 안 해준다는데

보호자 없는 외톨이 어찌할까

저녁노을 앞에 서서

지쳤다 쉬고 싶다
내 몸의 여러 곳이
나에게 아우성치며 반기를 든다
미안해 사랑해 제발 가지 마라
애걸하고 다독이며 약도 주지만
치아 몇 개는 끝내 가버려
빈자리에 인공치아 박고
눈은 이불을 뒤집어써
어쩔 수 없이 백내장 수술했다
머리카락은 수시로 달아나 듬성듬성
무릎은 태업하여 지팡이 짚는다
그러나
나를 세상에서 밀어내기 시작한
하루하루 지는 해 야속하다 않으리
사그라져 가는 나를 부질없다 않으리
고향으로 돌아가는 허수아비 나를
끝끝내 껴안고 어루만지며
괜찮아, 고마워, 수고 많아, 기죽지 마라
줄곧 속삭여 주리

어린 날 겁 없이 열린 문밖으로
아장아장 걸어 나가던 나를 다시 만나리

나의 시가 쓰레기 되어도

나, 이웃, 세계, 우주 품고
잠 못 이루고 아파하며
쓴 나의 시들이
순간 몇몇 가슴에
아니 내 안에서만
피었다 진 꽃일지라도
오늘의 내가
억년 지구의 산물이듯
내 시가
쓰레기로 썩어
억년 후 한순간
어느 계곡 환하게 핀 꽃의
밑거름이나 될지라도
아니 송두리째 부질없어도
나 죽는 날까지 시인으로 살리

묵은 원고 뭉치 속 내 분신들

몇십 년 전 원고 뭉치에서
까맣게 잊은 내 분신들 보다

달을 안고 강 건너는
진달래꽃 마주 보며 우는
맨발로 사막 헤매는
한사코 바람 거스르는
세상 말에 귀 아픈
세계 부정에 이앓이 하는
가엾기도 어여쁘기도 한
팔팔하기도 죽기도 한
한 방 먹여주고 싶은
안아 다독이고 싶은
절벽을 기어오르는
삼라만상을 껴안은
이름 달리한 많은
나! 나! 나!

한 줌 재가 될 원고 뭉치 속 나

차옥혜 시집 『풀잎으로 만나요 꽃으로 만나요』

작품 해설

풀잎과 꽃과 평화, 그리고 생명 의식

허형만(시인·목포대 명예교수)

1.

등단 40년을 지나온 차옥혜 시인의 제15시집 『풀잎으로 만나요 꽃으로 만나요』는 분단국가에 사는 시인의 평화와 통일 염원, 기후 위기와 환경파괴로 인한 지구의 아픔, 시대적 역사 인식과 민중성, 그리고 이 모든 것을 아우르는 생명성으로 가득하다. 시인은 〈시인의 말〉에서 "시는 사랑이다. 내 넋에 솟은 풀잎과 꽃을 들고 아픈 세상을, 지구를, 행성을 만난다. 빛을 소망하며."라고 말한다. 이 말은 "가을밭에 모처럼 호밀을 심었다. 호밀이 뿜어내는 강렬한 푸른 생명력은 내게 희망과 꿈을 꾸게 한다. 풀잎 같은 초록 사람들이 힘을 모으면, 재난은 극복되고 평화롭고도 건강한 새날을 회복하리라. 내 영혼의 꽃 시도 활짝 웃으리라."고 쓴, 제14시집 『호밀의 노래』(2022, 현대시학)의 〈시인의 말〉과 연결되어 있다. 차옥혜 시인의 시에 대하여 김종회 문학평론가는 "점진적으로 적층積層되어 가는 세월의 연륜이 보였다.

후기로 오면서 더욱 유장해지고 부드러우며, 세상을 관찰하는 시각이 한결 깊어짐을 느낄 수 있었다."라고 평가하면서 "차옥혜 시를 평한 논자들은 우선 그의 시가 '순수한 영혼의 노래'라는 데 공감한다."라고 말한다.

 차옥혜 시인은 이번 시집을 준비하면서 몇십 년 전 묵은 원고 뭉치에서 까맣게 잊은 자신의 분신, 즉 "달을 안고 강 건너는/ 진달래꽃 마주 보며 우는/ 맨발로 사막 헤매는/ 한사코 바람 거스르는/ 세상 말에 귀 아픈/ 세계 부정에 이 앓이 하는/ 가엾기도 어여쁘기도 한/ 팔팔하기도 죽기도 한/ 한 방 먹여주고 싶은/ 안아 다독이고 싶은/ 절벽을 기어오르는/ 삼라만상을 껴안은/ 이름 달리한 많은/ 나! 나! 나!"(「묵은 원고 뭉치 속 내 분신들」)를 발견한다. 이와 같은 자신의 분신들은 곧 자아 성찰의 다른 이름이며 객관적 상관물인 존재이다. 이 글을 쓰고 있는 필자도 많은 작품을 쓰레기통에 버리거나 불태운 적이 있다. 시인이길 포기했다가도 다시 시인으로 살기를 희망하며 오늘에 이르렀다. 그래서 차옥혜 시인의 다음 시에 공감하지 않을 수 없다.

  나, 이웃, 세계, 우주 품고
  잠 못 이루고 아파하며
  쓴 나의 시들이
  순간 몇몇 가슴에
  아니 내 안에서만
  피었다 진 꽃일지라도

오늘의 내가

억년 지구의 산물이듯

내 시가

쓰레기로 썩어

억년 후 한순간

어느 계곡 환하게 핀 꽃의

밑거름이나 될지라도

아니 송두리째 부질없어도

나 죽는 날까지 시인으로 살리

— 「나의 시가 쓰레기 되어도」 전문

    시인이 쓴 시는 "나, 이웃, 세계, 우주 품고/ 잠 못 이루고 아파하며/ 쓴" 창조물이다. 시인은 자신이 쓴 시가 쓰레기로 썩을지라도 아니 송두리째 부질없어도 시 쓰는 일을 포기하지 않는다. "죽는 날까지 시인으로" 살기를 다짐하며 오늘 밤도 잠 못 이루고 아파한다. 사르트르가 『존재와 무』에서 말한 "단순히 자기 존재로 있는 것이 아니고 자기 존재로 있어야 할 것으로 있는 하나의 존재"가 곧 시인이 아니겠는가. 그러기에 차옥혜 시인은 "나를 세상에 밀어내기 시작한/ 하루하루 지는 해 야속하다 않으리/ 사그라져 가는 나를 부질없다 않으리/ 고향으로 돌아가는 허수아비 나를/ 끝끝내 껴안고 어루만지며/ 괜찮아, 고마워, 수고 많아, 기죽지 마라/ 줄곧 속삭여 주리/ 어린 날 겁 없이 열린 문밖으로/ 아장아장 걸어 나가던 나를 다시 만나리"(「저녁노을 앞에 서서,)라고 노래한다.

2.

필자는 차옥혜 시인의 시집을 읽으며 시애틀 추장(1786~1866)의 연설문을 다시 읽었다. "우리가 어떻게 공기를 사고팔 수 있단 말인가? 대지의 따뜻함을 사고판단 말인가? 부드러운 공기와 재잘거리는 시냇물을 우리가 어떻게 소유할 수 있으며, 또한 소유하지도 않은 것을 어떻게 사고팔 수 있단 말인가? 우리는 대지의 일부분이며 대지는 우리의 일부분이다." 총과 병균과 종교를 앞세우고 쳐들어온 백인들에게 터전을 빼앗긴 아메리카 원주민의 이 정신은 풀잎으로 만나고 꽃으로 만나자는 차옥혜 시인의 평화 사상과 상통한다.

> 대지가 비명을 지릅니다
> 하늘이 통곡합니다
> 탱크가 지나간 자리
> 미사일이 날아와 터진 곳
> 불타고 부서진 건물 틈에
> 끼이고 묻히고 떨어진 사람시체들
> 21세기 문명 문화 지성 시대에
> 무슨 전쟁이라니요

안 돼요 안 돼요 절대 안 돼요

멈춰요 멈춰요 즉각 멈춰요

사람들 무더기로 죽어요

지구 부서져요

당장 무기 내려놓고

풀잎으로 만나요 꽃으로 만나요

분쟁의 대지 봄비로 적셔

새싹 틔워 꽃을 피워 생명 키워

대지 하늘 바다에 평화 합창 울려요

지구 모든 사람 모든 나라

언제나 어디서나 서로서로

풀잎으로 만나요 꽃으로 만나요

　—「풀잎으로 만나요 꽃으로 만나요」 전문

　이번 시집의 표제 시로 시인의 평화에 대한 갈망이 잘 드러나 있다. 인류의 역사는 전쟁의 역사라 해도 과언이 아니다. 오늘 이 시각에도 우크라이나 전쟁, 이스라엘 – 팔레스타인 분쟁(가자, 서안 포함), 이란 – 이스라엘 대리전쟁, 수단 내전, 미얀마 내전, 에티오피아 내전 등으로 "탱크가 지나"가고, "미사일이 날아와" 터지고, "불타고 부서진 건물 틈에/ 끼이고 묻히고 떨어진 사람시체"로 "대지가 비명을" 지르고 "하늘이 통곡"한다. 시인은 "21세기 문명 문화 지성 시대에/ 무슨 전쟁"이냐고 묻는다. 그리고 "안 돼요 안 돼요 절대 안 돼요/ 멈춰요 멈춰요 즉각 멈춰요"라고 호소한다.

"당장 무기 내려놓고" 풀잎으로 꽃으로 만나라고 호소한다.

전쟁의 참상은 "미사일로 순간 한 도시 한 나라 박살/ 무너진 건물 더미에 묻혀버린 사람들/ 물, 전기, 빵, 집, 가족 사라져/ 폐허 더미에 울고 있는/ 피투성이 어린이들"(「짓밟히지 않는 세상은 어디에」)에서 잘 드러난다. "폭격에 부서지고 무너진 집과 도시/ 먹을 것 없어 수돗물 전기 끊겨/ 쓰러질 듯 쓰러질 듯 거리를 헤매는/ 온통 시커먼 때로 얼룩진 할머니의/ 공포에 질린 눈동자"(「눈보라에 떨고 있는 매화」)가 가슴 아픈 우크라이나 전쟁터, 특히 "이스라엘군이 레이저로 조준한 총소리와 폭발음/ (가자지구에서 학살된 여섯 살 소녀) 힌두도 구조대원도 몰살"(「힌두의 홀」), "이스라엘이 산산이 부순 가자지구 길/ 대여섯 살쯤 된 여자 어린아이가/ 동생의 왼쪽 발 부여잡고/ 오른쪽 어깨에 걸머진 채/ 쓰러질 듯 힘겹게 걷고 있다"(「전쟁터 어린 자매」), "미사일 퍼붓고 전기 수돗물 생필품 끊어버려/ 한 달여에 1만여 명 죽고 3천여 명 실종/ 수천 명 환자와 피난민 머물던 병원까지/ 새벽 2시 특수부대 100여 명과 6대 탱크로 진입/ 아비규환"(「여기는 어딘가」)의 가자지구에 대한 이스라엘의 공격을 시로 고발한다. 그러면서 차옥혜 시인은 전쟁 반대의 아이콘이 된 스페인 바스크 지방의 소도시 게르니카Guernica를 떠올린다. 게르니카는 1937년 스페인 내전 중 나치의 '콘도르군단'이 이끄는 폭격으로 파괴되었던 아픈 역사를 갖고 있다. 이 전쟁을 소재로 피카소는 20세기 미술사에서 가장 강렬한 반전反戰 작품을 남겼다.

왜 그토록 서로 날카로우냐
왜 그토록 서로 무기 자랑이냐

전쟁은 절대 없어야 한다
무슨 일이 있어도
핵무기는 들썩거리지 말자
어느 쪽이든 핵무기 방아쇠를 당기면
순식간에 양쪽 전멸이다
설득하고 참고 인내하며 풀잎으로 만나야
모두 살고 함께 승리하는 통일이다
자국 이익을 위하여 약한 나라를
힘으로 누르고 뺏고 줄 세우지 마라
강자에게 모든 것을 내주며 비굴하지 말자
약자는 진실과 자존심을 지키며
앞뒤 살펴 적을 만들지 말고
자기 자리를 굳건히 지켜야 산다
정말로 한반도 통일 원한다면
서로서로 풀잎으로 만나자
　　　　　　　―「통일은 풀잎으로」 전문

　대한민국에서도 6·25로 인하여 "애꿎은 사람들 무더기로/ 죄 없이 휩쓸려 죽은 혼들/ 70년 넘게 저승 못 가고/ 바람으로 떠돌며"(「육이오」) 편히 쉬지 못하고 있는 현실 속에서 남과 북이 서로 대치하고 있음에 전쟁은 아직 진행형이다. 따라서 시인은 "왜 그토록 서로 날카로우냐/ 왜 그토록 서로 무기 자랑이냐"고, "대한민국 음악이 세계를 흔들고/ 대한민국 영화에 세계가 감동하는데/ 훈민정음 한글 말하고 쓰는/ 배달겨레가 70년 넘게 갈라져/ 총부리 맞대고 싸우다니요"(「봄바람으로 불어」)라고 침통하게 묻는다.

전쟁은 절대 없어야 한다고 힘주어 말하면서 "무슨 일이 있어도/ 핵무기는 들썩거리지 말자"라고 애원하는 시인은 난생처음 철원 평화전망대를 찾아갔다가 그곳에서 "평화전망대에 선 그대여/ 한반도에 결코 다시 전쟁 없어야 한다/ 우리를 거름 삼아 평화를/ 심고 가꾸고 키워 만수무강하여라/ 다시 전쟁 나면 모두 전멸"(「철원 평화전망대에서 들은 말씀」)이라는 간절한 말씀을 마음의 귀로 듣는다.

차옥혜 시인의 평화와 통일에 대한 염원이 얼마나 간절한지 "우리 어서어서 서둘러/ 봄바람으로 불어 불어/ 한반도 꽃피워요/ 겨레의 소원/ 민족 통일 이루어요"(「봄바람으로 불어」) 호소한다. 또한 "모든 무기 버리고/ 물로 물로 흘러 흘러/ 분단 벽 넘고 넘어/ 우리 소원 통일 이루어요/ 바람으로 바람으로 불어 불어/ 삼팔선 철조망 넘고 넘어/ 우리 소원 통일 이루어요"(「물로 바람으로」)라고 호소한다. "평화 없어 세상 무너져선 안 돼/ 평화 없어 사람 죽어선 안 돼/ 삼천리금수강산에 어서 빨리/ 평화 꽃밭 평화 숲 넘쳐라"(「국경선평화학교」)고 기원하는 시인은 "정말로 한반도 통일 원한다면/ 서로서로 풀잎으로 만나"길 간절히 바란다.

3.

　차옥혜 시인의 시적 관심사 중 하나는 기후변화에 따른 지구의 위기와 환경파괴에 대한 염려이다. 필자가 알래스카에 갔던 날, 2009년 7월 30일자 알래스카 한인신문 1면 헤드라인은 "빙하가 사라졌다"였다. 북극 바다를 뒤덮었던 빙하가 1년 사이에 흔적도 없이 사라진 모습 등 지구온난화의 심각성을 보여주는 위성사진이 신문 1면을 덮었다. 그날 실제로 배를 타고 바다로 나가 빙하가 무너져내리는 모습을 목격했다. 차옥혜 시인도 "팔십일억 명 넘는 세계 사람들 내뿜는 탄소로/ 지구 내 몸 점점 뜨거워져 기후 위기에 직면"(「인류세」)했음을 지구의 편에서 경고한다.

　　　　지구가 병들고 너무 아파서 쏟은
　　　　집중 눈물 폭포로 순식간에
　　　　신림동 반지하 13살 어린 딸 끼인
　　　　장애인 가족 3명 수몰되었어요
　　　　강남구 거리 달리던 자동차들 수천 대
　　　　둥둥 떠다니다 서로 부딪쳐 부서졌어요
　　　　수압으로 거리 맨홀뚜껑 벗겨져
　　　　길 가던 중년 남매 하수구로 빨려들었어요
　　　　전국 곳곳 산사태로 집 매몰되고 길 사라져
　　　　실종된 사람 감감무소식
　　　　농경지 물바다 가축들 몰살했어요

어쩌나요! 어쩌나요!

사람들이

숲 마구 없애고 탄소 너무 내뿜어

빙하 녹아 지구 몸 뜨거워져

지구 병 점점 깊어져

더 큰 재앙 자주 올 거라는데요

—「지구가 너무 아파서」 전문

 지구가 병들고 너무 아파서 곳곳에서 집중 호우로 피해가 크다. "서울에 115년 만에 느닷없이 쏟아진 집중폭우"(「위기의 순간에 핀 연꽃들」)로 "신림동 반지하 13살 어린 딸 끼인/ 장애인 가족 3명 수몰", "강남구 거리 달리던 자동차들 수천 대/ 둥둥 떠다니다 서로 부딪쳐 부서짐", "전국 곳곳 산사태로 집 매몰되고 길 사라져/ 실종된 사람 감감 무소식"의 상황에 인간은 무력하다. 이러한 호우는 해외에서도 마찬가지여서 "미국 어느 사막 천 년 만에 비 내려 호수 생겨// 파키스탄 어느 도시/ 석 달 동안 줄곧 비 쏟아져/ 물에 잠겨 천백여 사람 죽"(「지구 온도 상승 탓」)었다. 기후변화 피해는 폭우뿐 아니라 "유럽은 가뭄으로/ 두께 15m 알프스 빙하 녹아/ 9월 말이면 완전히 사라지리라 예상"(「지구 온도 상승 탓」)하고, "기후변화 가뭄으로/ 아프리카 6억 명 인구/ 생존 위험에 놓여 있"(「아프리카 6억 명 생존 위험」)음을 경고한다. 폭설도 예외는 아니어서 "11월 첫눈이 117년 만의 폭설/ 물먹은 무거운 눈 전국 덮쳐/ 항공기, 배 발 묶이고 차량 연쇄 충돌/ 비닐하우스, 주택, 공장, 축사 무너져/ 사람 짐승 깔려 죽고 부상자 속출"(「습설의 횡포」)한 습설의 피해를 고발한다.

페루에 있는 독일 에너지기업 탄소배출 탓으로 안데스산맥 빙하 녹아 빙하호 제방 무너지면 아랫마을 홍수에 쓸려나가고 빙하호 텅 비면 가뭄에 시달리는 주민이 독일 본사를 상대로 독일 법원에 소송 제기

네덜란드 시민들은 화석연료 대기업 상대 헤이그법원에 제소하여
"생명권 침해 우려되니 주의하라. 탄소 45% 줄이라."
는 승소 판결받음

한국 아이 61명과 태아 1명을 대신한 엄마가
"미래세대 기본권 침해 마세요."
라며 탄소중립기본법 시행령 헌법 소원 제기

1988년부터 2015년까지 세계 100대 기업 배출 온실가스는 전 세계 산업 배출량의 70.6%, 세계 곳곳 기후변화 소송 속출

──「인류와 지구를 위하여」 전문

  2025년 8월 5일 스위스 제네바에서 열린 플라스틱 오염 규제 조약을 만들기 위한 국제 협상이 또 결렬되었다는 뉴스다. 사우디아라비아와 러시아 등 주요 산유국과 미국이 플라스틱 생산량 규제에 끝까지 반대해서다. '지구의 미래'가 또 좌절된 것이다. 또한 기후 위기의 핵심 원인으로 지목되는 탄소배출은 주로 이산화탄소를 비롯한 온실가스의 대기 중 증가를 말한다. 이 탄소배출은 지구온난화와 극한 기후와 해수면 상승, 그리고 생태계 위기는 물론 식량 위기, 전염병 확산, 난민 발생 등 인간 사회에도 큰 영향을 미친다.

  차옥혜 시인은 인류와 지구를 위하여 걱정하면서 "1988년부터 2015년까지 세계 100대 기업 배출 온실가스"가 "전 세계 산업 배출량의 70.6%"라는 통계를 근거로 제시하며 "세계 곳곳 기후변화"의 원인으로 꼽는다. 특히 네덜란드 시민들이 화석연료 대기업을 상대로 헤이그법원에 제소한 결과 '생명권 침해 우려되니 주의하라. 탄소 45% 줄이라'는 승소 판결을 받았는가 하면 페루에 있는 독일 에너지기업 탄소배출로 독일 본사 상대로 독일 법원에 소송을 제기하고, 한국에서도 "아이 61명과 태아 1명을 대신한 엄마가 '미래세대 기본권 침해 마세요'라며 탄소중립기본법 시행령 헌법 소원"을 제기한 것 등 인간의 욕망에 의한 기후 위기에 대한 경각심 고취는 이미 이 앞의 시집 『호밀의 노래』

(2022, 현대시학)에서 "광대한 내 품 안 무수한 자식 중에서/ 가장 생명이 넘치고 아름답던/ 지구가 지르는 비명/ 어처구니없는 지구의 아수라장"(「지구의 어머니 우주의 탄식」), 그리고 "당장 지금부터 세계 모든 사람/ 탄소와 쓰레기 줄이기, 분리수거/ 일회용품 안 쓰기 실천하며/ 함께 사는 길 열지 않으면/ 세계는 결국 사라지리/ 지구는 블랙홀에 빠져버리리"(「지구가 위험하다」)라고 경고한 바 있다.

4.

차옥혜 시인의 열네 번째 시집 『호밀의 노래』 해설 끝부분에서 김종회 문학평론가는 "그의 시가 가진 여리고 예민한 서정성, 그로부터 발현되는 퇴행 불가의 호소력"에 주목해야 한다고 강조했다. 이경수 문학평론가 역시 "차옥혜의 시는 찬란한 생명을 틔울 씨앗처럼 목숨을 살리는 시를 쓰고자" 한다고 평한 바 있다. 이번 열다섯 번째 시집 『풀잎으로 만나요 꽃으로 만나요』 표제부터 이미 시인의 시적 세계에 대한 생명성과 서정성을 암시하고 있다. 이는 곧 차옥혜의 시가 기후 위기, 환경파괴에 따른 인류와 지구에 대한 경고 또는 염려는 모두 창조와 갱신으로 이루어진 새로운 생명성을 추구하고 있다는 말이 된다.

겨울이 끝나기도 전

상사화 언 땅을 뚫고 오더니
봄 문 열리자마자
할미꽃, 모란, 원추리, 산마늘
어느덧 초록 눈 뜨고 웃는다
수국, 접시꽃, 모과 새순 돋고
수선화, 개나리, 목련, 벚꽃 피며
민들레, 쑥, 냉이, 씀바귀
떼로 몰려와 반짝인다
떠난 초록 가족 다시 돌아와
뜰을 가득 메운 봄날

안녕! 안녕! 안녕!
반가워 고마워

돌아온 새싹, 꽃과
눈 맞추며 인사하느라
하루해가 짧고 짧은 봄날
설레고 신나는 봄날

이만한 복이 어디 있으랴
—「초록 가족이 돌아온 봄날」 전문

봄은 생명의 계절이다. 겨울의 아다지오는 다시 봄의 알레그로로 이어지면서 쇄신, 부활, 소생의 시절인 봄이 온다.

자연은 "겨울이 끝나기도 전/ 상사화 언 땅을 뚫고 나오"는 생명력을 부여한다. "떠난 초록 가족 다시 돌아와/ 뜰을 가득 메운 봄날"은 생과 희열의 폭발로 생기를 띤다. 그 증거로 봄 문 열리자마자 "할미꽃, 모란, 원추리, 산마늘, 수국, 접시꽃, 모과 새순, 수선화, 개나리, 목련, 벚꽃, 민들레, 쑥, 냉이, 씀바귀"가 "떼로 몰려와 반짝인다." 시인은 "돌아온 새싹, 꽃과/ 눈 맞추며 인사하느라/ 하루해가 짧은", 그러기에 더욱 "설레고 신나는" 봄날을 만끽한다.

 차옥혜 시인은 꼭 봄에서 겨울까지 사계절에서만 생명성을 시적으로 승화시키는 건 아니다. 강력한 태풍 몰려와 가로수들 부러지고 뿌리가 뽑혀 쓰러진 날, 숲의 나무들만은 "혼자 우뚝 선 나무보다/ 여럿이 모여 숲 이룬 나무들/ 태풍과 싸워 이겼"(「숲은 태풍을 이겼다」)음에 감격하고, 집 뒷산에 불이 나자 노부부가 풀어준 소들이 어둠 속으로 흩어졌다가 다음 날 아침 거짓말처럼 다시 몽땅 타버린 집터를 찾아온 장면에서 "자기들만의 말과 몸짓으로, 그들만의 믿음 신뢰 지혜 사랑으로, 서로서로 격려하고 부축하며 응원하며 불타는 산길을 헤쳐 돌아온 소들!"(「불탄 집에 소 떼 돌아오다」)을 우러르고 우러르는 시인의 따뜻한 감성이 새롭다.

  보아라
  화마가 휩쓸고 간
  검은 산에 새싹 움텄다

희망이 눈 떴다
눈물을 삼키자 아픔을 버리자
다시 시작이다

숲이 돌아오리니
뜨거운 불 견딘 씨앗이
온 힘 다하여 뿜어낸 싹
가꾸고 지키며 숲을 기다리자

보아라
불꽃 춤추던
숯검정 뒤집어쓴 숯내 나는 산에
새싹 돋았다

―「불탄 산에 새싹 솟았다」 전문

 하동군 옥종면 두량리의 천년을 살아온 은행나무가 산불에 온몸을 태웠으나 뿌리에서 새싹이 돋아났다는 뉴스는 신선하면서도 감동적이었다. "불꽃 춤추던" "화마가 휩쓸고 간" "검은 산" "숯검정 뒤집어쓴 숯내 나는 산"에 "새싹"이 움트고 돌아남은 분명 자연의 섭리이며 끈질긴 생명력의 증거이다. 시간이 소요되겠지만 "숲이 돌아오리니/ 뜨거운 불 견딘 씨앗이/ 온 힘 다하여 뿜어낸 싹/ 가꾸고 지키며 숲을 기다리자"는 시인의 간절함은 그만큼 자연의 생명력을 믿기 때문이다.

시인에게는 "33년 지극정성 가꾼 작은 숲"(「내 안에 사는 숲」)이 있다. 이 숲은 시인의 마음에 살고 있는 숲으로 서로 온갖 이야기 속삭이고 철 따라 꽃 피고 열매 맺는다. 시인 안에 사는 숲의 상징성은 자연의 생명성이다. 이 생명성은 "원뿔형 주목 나무 벽으로 둘러싸인/ 지붕 없는 내 한 평 초록 방에 들어가/ 소나무 밑 유리 탁자 앞 의자에 앉아/ 반짝이는 수만 잎새 보고 있으면/ 나는 어느덧 나무가 되어 잎새 팔랑"(「내 숲속 초록 방에 들면」)거리는 물아일체의 경지에 몰입된다. 그렇다. 이 시집에서 보여주는 차옥혜 시인의 생명 의식은 지구의 온 생명을 아우르는 순수한 영혼의 울림이 아닐 수 없다.